AF562432

DISCOURS

DES COMMISSAIRES

DU

CONSEIL EXÉCUTIF PROVISOIRE,

Prononcé par le Citoyen BAUDIN, *à la Société populaire d'Angers, dans la Séance du* 21 *Pluviôse, l'an* 2 *de la République, une et indivisible.*

A ANGERS,

De l'Imprimerie Nationale, chez JAHYER et GESLIN, rue Milton.

DISCOURS
DES COMMISSAIRES
DU
CONSEIL EXÉCUTIF PROVISOIRE,

Prononcé par le Citoyen BAUDIN, *à la Société populaire d'Angers, dans sa séance du 21 Pluviôse, l'an 2e. de la République, une et indivisible.*

FRÈRES ET AMIS,

NOUS ne sommes point envoyés dans votre département en qualité de Commissaires-Observateurs; mais le Jacobin observe par-tout où il se trouve; rien n'échappe à sa surveillance; il interroge, il écoute, il met dans la balance de la justice, tout ce qu'il voit, tout ce qu'il entend ; et, quand il a découvert la vérité, nulle considération, nul ménagement, nul intérêt particulier ne peuvent le retenir. Nous la dirons toute entière, la vérité ; nous la dirons, parce que nous l'aimons ; nous la dirons, parce que l'intérêt public l'exige.

Nous ignorons si, comme à Paris, il existe véritablement un système de persécution contre les patriotes ; mais ce que nous savons, c'est qu'on vous insulte impunément ; c'est qu'on veut vous avilir, vous, vos magistrats, et tout le peuple d'Angers.

Alarmés sur votre situation, nous sommes accourus au milieu de vous, pour vous déclarer que mon Collègue et moi n'avons aucune part à ce projet infâme ; que nous désapprouvons cette conduite ; que nous la regardons comme liberticide. Vos ennemis fussent-ils puissans, si cette lutte funeste pouvait se prolonger, nous nous rangerions de votre côté, parce que le peuple est là, parce que c'est là que doit être la Montagne.

Oui, frères et amis, c'est à nous à

venger votre outrage. Nous allons répondre pour vous.

Ne pouvant vous convaincre d'aucun délit présent, vos ennemis reviennent sur vos erreurs passées. *Vous n'avez jamais été*, disent-ils, *et vous n'êtes encore que des Brissotins, des Girondins, des Fédéralistes; vous avez signé une pétition contre la Montagne.*

Hélas ! on ne leur fera pas les mêmes reproches, à ces hommes si ingénieux à vous trouver coupables. Ces hommes ne signent jamais rien ; ils ne se mettent d'aucun parti ; toujours ils se tiennent éloignés du danger ; et le combat fini, ils se rangent du côté du plus fort.

Mais vous, frères et amis, vous qui, placés dans le foyer d'une guerre civile, deviez en désirer la fin ; vous qui aviez à lutter contre l'*aristocratie nobiliaire* et *sacerdotale*, liguées contre vous et la souveraineté du peuple ; vous qui, lassés de l'*anarchie*, vouliez un gouvernement libre et des loix populaires, vous avez pu sans doute vous livrer un instant aux insinuations séduisantes de ceux qui promettaient vous faire jouir promptement de ce double bienfait. Chacun dirige votre opinion, selon les différentes passions qui l'agitent. L'un vous dit que L'AMI DU PEUPLE est le désorganisateur de l'Empire; l'autre, que ROBESPIERRE, le plus humain des hommes, veut être *Dictateur*, et ne respire que le sang : tout se réunit pour vous armer contre la société des Jacobins, contre la commune de Paris, contre la Montagne, qu'on accuse de vouloir perpétuer l'anarchie : vous ignoriez même ce qu'était la Montagne. En vain nous employons tous les moyens de faire parvenir jusqu'à vous la vérité ; non-seulement elle vous est interceptée par nos ennemis communs; mais de toutes parts, le traître *Roland* fait tomber dans vos murs un déluge de feuilles infidelles; mais on se sert du nom même des Jacobins, pour mieux vous égarer.

Jettés sur cette mer orageuse, sans pilote, sans boussole, sans gouvernail, vous voguez au gré des factieux qui tentent de vous conduire et de vous enchaîner. Les poignards de la révolte sont levés sur vos têtes ; les torches du fanatisme sont allumées, pour incendier vos belles et fertiles contrées ; tous les élémens politiques sont mis en mouvement pour vous perdre ; le vent du fédéralisme souffle, le torrent de l'anarchie vous entraîne, les foudres du royalisme grondent et vous menacent. Environnés de tant d'écueils, agités par tant d'orages, perdus dans l'obscurité de la tempête, cherchant par-tout la lumière et ne la trouvant nulle part, ne sachant plus dans quel port vous jeter, voyant le vaisseau de l'Etat tout prêt à s'engloutir, vous demandez à grands cris une Constitution.

A cette époque, Paris combattait pour la Montagne : l'explosion du 31 mai commence, elle est terrible ; elle dévore, elle entraîne, elle foudroye tous les monstres qui s'étaient élevés contre elle : les noires vapeurs qui l'obscurcissaient depuis si long-temps, et qui s'étaient répandues sur toute la surface de l'Empire, se dissipent ; le soleil de la Montagne paraît à vos yeux ; il vous éclaire, il vous échauffe, et bientôt vous êtes Montagnards.

Voilà donc le crime qu'on te reproche, Peuple d'Angers ; c'est d'avoir signé une Pétition que tu connaissais à peine ; c'est d'avoir demandé une Constitution. Eh bien ! si c'est un crime, c'est celui de tous tes frères de Paris. Et nous aussi, nous demandions une Constitution, non pas, à la vérité, celle que voulaient nous donner les *Guadet*, les *Brissot*, les *Gensonné ;* mais celle que nous avons, et qui doit faire le bonheur de tout le genre humain.

Et d'ailleurs, si Paris lui-même n'a jamais bien connu la vérité sur la guerre de la Vendée ; s'il ne la connaît pas même encore, malgré les efforts que font les patriotes pour la lui faire parvenir ; pourrait-on vous faire un crime d'avoir ignoré ce qui se passait à la Convention ? Ce ne fut donc qu'une erreur ; ce fut celle de presque tous les départemens.

Ah ! si l'on osait encore vous menacer de cette pétition, qui porte aujourd'hui la désolation dans toutes vos familles, nous opposerions, nous, les beaux jours de votre gloire, jours si chers au souvenir des Jacobins.

Nous opposerions votre pétition du mois de juin 1791, par laquelle vous demandiez que, puisque l'ingrat et imbécille *Capet* avait abandonné le trône constitutionnel des Français, la France fût déclarée République. On ne parle pas de cette pétition; et cependant vous avez été les premiers qui ayez proféré le mot de RÉPUBLIQUE.

Nous opposerions votre adresse énergique du mois de décembre 1791, au ci-devant roi, par laquelle vous le préveniez que, s'il s'obstinait à laisser subsister son *veto* sur les décrets contre les prêtres (1) et les émigrés, l'indignation nationale le précipiterait de son trône. On ne parle pas de cette adresse; et cependant vous la fîtes dans un temps où le *tyran* avait encore entre les mains la souveraine puissance, quand, seul dans la balance, il faisait équilibre avec tout le peuple.

On vous reproche l'adresse du 30 mai; mais on ne dit pas qu'en septembre 1792, vous fûtes des premiers à féliciter la Convention Nationale sur son décret qui constitua la France République ; on ne dit pas qu'en décembre de la même année, vous avez demandé la mort du *tyran ;* on ne dit pas qu'en août 1793 (2), vous avez adhéré à tous les décrets de la Montagne ; on ne dit pas que, depuis la Révolution, jusqu'à l'époque de la guerre de la Vendée, vous aviez des clubs ambulans, qui se répandaient dans les différentes parties de ce département, pour détruire l'esprit de fanatisme qui y régnait, et pour y propager les principes de l'Égalité et de la Liberté. On ne parle pas de vos sacrifices ; et cependant ils sont incalculables. Il n'y a peut-être pas une seule famille dans la commune d'Angers, qui n'ait à offrir à la Patrie le sacrifice, ou d'un fils, ou d'un père, ou d'un mari, ou de sa fortune entière (3).

On vous reproche l'adresse du 30 mai ; mais on ne parle pas du *pacte fameux de Pontivi ;* pacte que les fastes de notre Révolution présenteront à la postérité comme le plus beau monument de la gloire des Angevins, et de leur amour pour la Liberté.

Eh quoi ! cet amour serait-il donc éteint ? Les Angevins auraient-ils démenti tant de gloire ? Non, non ; cette étrange métamorphose ne s'est point faite en eux. La Liberté n'a jamais trouvé d'inconstans : quand on l'a véritablement aimée, on l'aime toujours. Les Angevins ont constamment combattu pour elle ; les Angevins n'ont eu aucune part aux trahisons de la Vendée ; les Angevins n'ont point fédéralisé avec le Calvados ; les Angevins n'ont point trempé dans les complots de l'infâme *Toulon* qui n'est plus.

Mais on vous reproche d'avoir lâchement abandonné vos foyers. Eh ! ce serait bien plutôt à vous à vous plaindre, vous qu'on avait eu l'art perfide de placer entre l'alternative cruelle, ou de la fuite ou de la mort : ce ne sont point les rebelles qui vous ont chassé de vos murs, mais ceux qui devaient vous défendre ; on avait enchaîné votre courage, dont les généraux redoutaient les effets ; on avait négligé de réparer vos remparts ; on vous avait enlevé jusqu'à votre artillerie ; on avait même désarmé tous ceux d'entre vous qui, plus braves que les autres, voulaient rester et mourir à leur poste, plutôt que d'abandonner leurs femmes, leurs enfans, leurs propriétés. Et, sans doute, vous eussiez repoussé l'armée des brigands, si vous eussiez été secondés; puisqu'à cette époque elle était moins nombreuse et moins aguerrie que celle des 13 et 14 frimaire, dont vous avez triomphé. Ah! ce reproche ferait plutôt votre éloge, puisque vous n'avez quitté vos murs que pour aller chercher des forces et revenir en chasser les brigands.

Ils vous reprochent de n'être *pas plus éclairés sur vos droits que sur vos devoirs.* S'il en est ainsi, pourquoi *ces hommes si profonds* ne vous instruisent-ils pas?

Ils vous reprochent *de la froideur, de l'inertie, de la mollesse.* Que ne vous réchauffent-ils donc? que ne vous communiquent-ils de leur activité, de leur énergie?

Mais, comment vous donneraient-ils ce qu'ils n'ont pas? Leur patriotisme n'est que dans leur bouche; et d'ailleurs leur but n'est pas de vous porter sur la Montagne; ils ne la connaissent pas; ils n'en ont jamais approché ; ils ne veulent que vous humilier et vous avilir.

Oui, Citoyens, ces hommes se font une criminelle étude des moyens d'égarer sur votre compte jusqu'à vos amis mêmes, jusqu'à vos défenseurs. Par-tout, nous n'avons trouvé que des esprits prévenus contre vous (*). Nous avons vu avec douleur, qu'on vous avait nui beaucoup dans l'opinion même de ces hommes dont le devoir est d'élever et de soutenir l'énergie des sociétés populaires, ou de leur en donner, lorsqu'elles n'en ont pas.

En vain vos ennemis, ou plutôt les ennemis de votre gloire, chercheront à vous perdre dans l'opinion publique; la calomnie ne peut plus vous atteindre ; les crimes de la Vendée ne flétriront plus votre gloire ; elle est impérissable comme la Liberté. Les crimes de la Vendée ne sont point les vôtres, mais bien ceux de nos ministres prévaricateurs, de vos fonctionnaires coupables, de vos magistrats contre-révolutionnaires, de vos députés infidèles,

(*) Voyez le Procès-verbal de la séance du 21 pluviôse.

et dont le glaive des Lois vous a déjà vengé; enfin de vos généraux perfides : sans eux vous eussiez triomphé toujours, ou plutôt vous auriez arrêté cette malheureuse guerre dans son origine, et que vous terminerez encore en dépit d'eux. La plupart de vos généraux étaient ou des traîtres ou des lâches, ou des ivrognes, ou des ignorans. Nous savons que la victoire du siége d'Angers n'est point leur ouvrage, et c'est peut-être parce que celui qui devait combattre avec vous, était dans son lit, au plus fort de l'attaque, que vous avez triomphé.

Nous savons que, tandis que la brave garnison, soutenue par la garde nationale d'Angers, encouragée par les Représentans du Peuple, par vos magistrats (4), par l'intrépide Menard, par vos femmes et vos filles, faisait des prodiges de valeur ; ce général, au mépris des ordres du commandant de place, tenta plusieurs fois de passer les ponts ; que sa conduite, que ses manœuvres paraissaient n'avoir pour but que d'opérer une déroute générale (5).

Nous savons que, non loin de vos murs,

à Château-Briant, un autre général résistait à l'élan fraternel et sublime de son armée entière qui demandait à grands cris de voler à votre secours, et qui, si elle était arrivée, aurait exterminé jusqu'au dernier des brigands.

Et quand vous avez soutenu le choc de ce siége si mémorable ; quand, par la résistance la plus intrépide, vous avez jeté le découragement dans toute l'*armée catholique* ; quand vous avez étouffé l'hydre de la Vendée, dont on n'a tant de fois coupé la tête que pour en faire renaître mille ; quand, enfin, par cette glorieuse conquête, vous avez terminé la guerre la plus désastreuse, et préparé tous les succès que nous avons eu depuis, et qui nous sont encore réservés ; il peut se trouver des hommes assez impudens, assez téméraires pour publier hautement, et même au sein de cette société, qu'on a surpris à la Convention Nationale le décret qui déclare que la commune d'Angers a bien mérité de la Patrie !

Et quand vos administrations sont régénérées ; quand votre société populaire est régénérée ; quand le peuple lui-même est régénéré (6) ; ils osent encore accuser les uns de fédéralisme, les autres de froideur et d'inertie !

Et quel moment choisissent-ils pour jeter au milieu de vous cette nouvelle pomme de discorde ? Quand nous avons besoin plus que jamais de nous rallier ; quand il s'agit d'achever le grand ouvrage de notre Révolution ; quand nous allons asseoir pour toujours la destinée de la France, et peut-être de l'Europe entière.

Mais ces hommes qui viennent si audacieusement nous armer les uns contre les autres, et vous menacer tous de la *guillotine*, sont-ils donc tellement inviolables qu'on ne puisse les atteindre ? Ah ! si de tels attentats sont tolérés, la Liberté est perdue ; si de tels attentats s'étaient commis à Paris, déjà ces hommes seraient en état d'arrestation ; déjà le scellé serait apposé sur tous leurs papiers. Eh ! qui nous répondra que ces hommes ne sont pas des agens fidèles de Pitt et de Cobourg ? Du moins leur conduite est la même.

Avilir les autorités constituées, calomnier les sociétés populaires, est la tactique qu'ils ont toujours employée avec succès. A les entendre, il n'y a qu'eux de patriotes; ils en singent les manières; ils en prennent le costume; ils coiffent le bonnet rouge; ils assiégent les tribunes; ils ne montrent la Liberté qu'avec le poignard d'une main, et la torche de l'autre.

Voilà le langage des hommes qui veulent tuer la Liberté. Si l'on examine de près ces patriotes convultionnaires, bientôt on connaîtra qu'ils ne sont rien moins que patriotes. Et en effet, qu'étaient-ils avant la Révolution, les trois ou quatre intrigans qui sont parvenus à se faire redouter de votre commune entière? Qu'ont-ils fait pour la Liberté? Quelles étaient et quelles sont leurs mœurs, leurs habitudes? Où sont leurs sacrifices, leurs victoires, leurs cicatrices? Où étaient-ils dans toutes les crises de la Liberté? Que faisaient-ils lors du siége d'Angers, où chaque citoyen devait payer de sa personne? Combattaient-ils auprès de vous? Non, non. Et voilà ce qui les désole aujourd'hui. Furieux de ne vous avoir point imité ; désespérés de ne point partager votre gloire, qui fait leur supplice ; ils cherchent à l'obscurcir ; ils ne peuvent vous pardonner les journées immortelles des 13 et 14 frimaire ; elles pèsent sur leurs cœurs ; elles pèsent sur le cœur de bien d'autres.

Reprenez donc votre caractère ; sortez de cette stupeur qui flétrit votre gloire, et qui nous a si profondément affectés. Si la terreur est à l'ordre du jour, certes, ce ne doit pas être pour les Sans-culottes d'Angers.

La Convention Nationale, en organisant le gouvernement révolutionnaire, n'a pas eu intention de faire punir les patriotes égarés, mais les gens suspects et les conspirateurs. Vous n'êtes ni suspects, ni conspirateurs ; vous ne l'avez jamais été ; et ceux qui vous menacent sont plus que suspects, ils sont désorganisateurs ; bientôt vous en aurez justice.

Déjà vous êtes à moitié vengés, puisque nous avons découvert la vérité ; puisque nous savons vous rendre justice.

Connaissant les détails immenses des

administrations populaires, sur-tout dans un pays qui, depuis si long-tems, est le théâtre de la guerre civile, dans une commune où il est passé près de trois cens mille hommes qu'il a fallu loger et nourrir, nous ne reprocherons point à vos administrateurs quelques négligences passagères, quelques abus de circonstances; nous partageons de cœur et d'esprit leurs pénibles travaux sans cesse renaissans; et nous leur donnerions des éloges, si les Républicains savaient parler ce langage.

Nous savons tout ce que vous avez souffert; nous savons ce que vous souffrez encore; nous en gémissons. La France entière, et plus encore la postérité, partageront les sentimens d'admiration et de douleur que vous nous avez inspiré. Dépouillés de toutes les passions qui nous agitent, nos neveux, en lisant l'histoire de la Vendée, en parcourant les rives de la Loire, verseront des larmes de sang sur vos malheurs, comme nous en avons versé nous-mêmes en les apprenant; mais ce qui doit vous consoler, c'est que le terme de vos maux approche, et que vous pourrez retrouver le bonheur.

Il est une grande vérité, c'est que, si la guerre de la Vendée vous a coûté beaucoup, les avantages qui en résultent sont incalculables pour vous-mêmes. Cette guerre a purgé votre sol de tout ce qu'il y avait d'impur. On n'y trouvera plus d'esclaves. S'il restait encore parmi vous quelques faux frères, vous les connaîtrez bientôt; ils portent sur leurs fronts humiliés le cachet de la réprobation.

Cette guerre vous a guéri pour toujours de la manie des prêtres. Il ne vous fallait rien moins que les atrocités qu'ils ont commises sous vos propres yeux, pour arracher de leurs griffes infernales, vos femmes, vos filles et vos enfans. Si vous n'aviez été les douloureux témoins de leurs attentats, jamais vous ne les eussiez voulu croire; et vos femmes, vos filles, vos enfans seraient encore les dupes, les esclaves et les victimes de ces pieux scélérats.

Rendues aux devoirs sacrés que la nature et la société leur imposent, désormais vos compagnes chéries partageront vos vertus républicaines, comme elles ont partagé les dangers et la gloire des 13 et 14 frimaire.

Graces immortelles vous soient rendues, Angevines républicaines ! Recevez l'hommage de notre reconnaissance. En vain l'inquiète et sombre jalousie voudra ternir l'éclat de vos actions héroïques ; l'histoire les burinera sur l'airain, ces actions qui déjà sont gravées dans nos cœurs, en caractères ineffaçables : elle placera sur la même ligne, les intrépides Lilloises et les courageuses Angevines : les unes et les autres participeront à la gloire de tous les héros Français qui ont combattu pour la Liberté. Réunis tous ensemble, ils se diront : « La paix et la prospérité » de la République est notre ouvrage ; le » bonheur de la postérité nous appartient. » C'est nous qui l'avons planté, cet arbre » de la Liberté, dont les rameaux bien- » faisans s'étendront un jour sur tout » l'Univers : nous l'avons arrosé de nos » sueurs, de notre sang ; nos enfans en » cueilleront les doux fruits ; nos enfans,

» ah ! que leur sort sera digne d'envie ! Heu-
» reux de respirer un air libre ; heureux de
» naître parmi des frères, des égaux, le
» premier mouvement de leur cœur sera
» pour la reconnaissance, comme le pre-
» mier cri qui sortira de leur bouche
» innocente, sera : VIVE LA RÉPUBLIQUE ! »

NOTES.

(1) A ce premier acte de vigueur, nous ajouterons que la garde nationale d'Angers, par un mouvement révolutionnaire, arrêta et incarcéra tous les prêtres réfractaires qui soufflaient dans la ville le feu du fanatisme et de la contre-révolution. La société populaire en fit passer la nouvelle aux Jacobins qui la couvrirent d'applaudissemens.

A la fin d'août 1792, la garde nationale d'Angers a été la première à entrer dans la Vendée pour dissiper les rebelles qui assiégeaient Bressuire, et ils furent dissipés.

Au mois de février 1793, (vieux style) la garde nationale d'Angers se transporta à la Flèche et au Mans, pour y appaiser les mouvemens séditieux et contre-révolutionnaires qui s'étaient élevés, sous le faux prétexte que l'on manquait de subsistances; elle fit une marche forcée de 18 lieues, dissipa les attroupemens, et fit 300 prisonniers.

Au mois d'avril 1793, (vieux style) dans ce tems où la garde nationale était obligée de se défendre elle-même contre les brigands qui menaçaient leur commune d'une prochaine invasion, cette ville forma néanmoins dans son sein un bataillon de 500 hommes qu'elle envoya pour secourir la commune de Nantes, également menacée par les brigands.

Ces 500 hommes furent envoyés à la Loye, aux Sorinières, à Vue et au Château d'O, où ils soutinrent de fortes attaques contre les brigands, et préservèrent de leur invasion la Commune d'Indret, où il y a une fonderie de canons considérable.

(2) Nous ajouterons qu'à cette époque, sous les murs de Sédan, le traître la Fayette fait arrêter les Députés de l'Assemblée Législative, qui venaient annoncer la suspension du tyran ; il cherche à corrompre l'armée ; il harangue les soldats ; plusieurs paraissent écouter ses perfides suggestions ; mais la compagnie des grenadiers du premier bataillon de Maine et Loire, qui faisait partie de l'avant-garde, ne le laissa pas achever : elle fit entendre des cris répétés de *vive l'Assemblée Législative*, *vive la Nation*, *au diable les intriguans*. Cet enthousiasme républicain stimula les autres bataillons, et ce vil corrupteur reçut l'accueil qu'il méritait. Ces braves grenadiers eurent l'ordre de quitter l'armée sur le champ. Ce trait de courage et de patriotisme leur mérita une lettre de félicitation de l'Assemblée Législative.

(3) Plus de cinq cens pères de famille de la commune d'Angers ont été sacrifiés à l'attaque de Beaulieu et de S. Lambert, au mois de septembre dernier, pour avoir soutenu seuls le feu des brigands ; tandis que l'armée, commandée par Duhoux, était en déroute. Il serait difficile de calculer les autres pertes que cette commune a faites dans toutes les affaires de la Vendée, et sur les frontières.

Vers la fin de juillet dernier, lorsque les brigands s'emparèrent des Ponts-de-Cé, après avoir mis en déroute les troupes qui y étaient en garnison ; lorsque ces mêmes brigands se portaient de suite sur la commune d'Angers, et que le général Duhoux avait pris la fuite sur la route de Paris, la garde nationale d'Angers et les habitans fonctionnaires prirent sur le champ les armes, allèrent au-devant des brigands qu'ils repoussèrent jusqu'à S. Maurille des Ponts-de-Cé, et cette première fois, préservèrent la commune de l'invasion des brigands.

Dans l'action qui eut lieu à S. Pierre de Chemillé, au mois d'avril 1793, sous le commandement de Berruyer et de Duhoux, un détachement d'environ quatre-vingt Citoyens d'Angers, commandés par le capitaine Chevallier, Briguenen et Proust, officiers; Godard, sergent des grenadiers; Bondu et Besnard fils, sergens suppléans, accompagnés d'environ 200 autres Citoyens de S. Calais, montèrent les premiers au-dessus des retranchemens, gagnèrent avec vigueur les haies et les fossés des tirailleurs des brigands, et les repoussèrent au pas de charge.

C'est-là que la trente-cinquième division des gendarmes à pied de Paris, fonça, avec une intrépidité sans bornes, y perdit beaucoup de monde. Marchand, d'Angers, capitaine de la gendarmerie à cheval, y perdit la vie; Beaumanoir, adjudant, y fut blessé. Mais la victoire fut complette de notre côté. On s'attendait alors que Leygonier, qui commandait l'armée de Vihiers, se serait porté sur la ville de Chemillé avec cinq mille hommes; mais, après sept heures de combat et de succès, on fit replier l'armée à S. Lambert, sous les ordres de Berruyer, au nombre d'environ cinq mille hommes, après avoir incendié trente maisons à S. Pierre de Chemillé.

Ce furent trois ou quatre canonniers de la garde

nationale d'Angers, qui, à cette même affaire, se jettèrent dans la redoute que les brigands avaient établie sur la grande route, en enlevant la pièce de canon qui tirait continuellement sur l'armée de la République, tandis que plusieurs autres Citoyens du fauxbourg S. Michel s'étaient également emparés d'une autre petite pièce que les rebelles avaient placée au coin de la blanchisserie du citoyen Cesbron, et l'emportèrent sur leurs épaules.

C'est la garde nationale d'Angers qui, avec la trente-cinquième division de la gendarmerie de Paris, est entrée la première dans la Vendée, au mois de mars 1793, (vieux style) et a délivré des mains des brigands, après un combat opiniâtre, un grand nombre de prisonniers détenus à Chemillé.

La garnison de Mayence, arrivée à Angers au mois de novembre 1793, après avoir beaucoup souffert dans les différentes attaques contre les brigands, dénuée de tout, et ayant un grand nombre de blessés, les habitans s'empressèrent de leur fournir tous les secours, en matelas, couvertures, draps, chemises, et autres vêtemens, au-delà même de leurs besoins. Ils se dépouillèrent de leurs chaussures pour les donner à ces braves soldats. Tout le Peuple d'Angers, très-hospitalier, logea, dans le même temps, près de trente mille hommes. Pas un d'eux ne porta des plaintes. Les Citoyens passaient volontiers la nuit sur des chaises, pour céder leurs lits à nos frères d'armes. Quelque tems après, on établit à Angers plusieurs hôpitaux militaires pour les défenseurs de la Patrie, qui avaient été blessés; 1500 lits furent dressés en 24 heures.

(4) Le citoyen Lebreton, officier municipal, fut tué sur le rempart; il emporte, avec la gloire d'être mort à son poste, les regrets de ses Concitoyens, sans en excepter un seul. Pendant tout le siége, il a déployé des talens que l'amour seul de la liberté et le danger peuvent donner; général, ingénieur et magistrat tout ensemble, on le voyait partout; on peut ajouter à tout cela, que faisant un commerce considérable d'épicerie, il n'a jamais rien vendu au-dessus du *maximum*; que dans tous les temps, il a été fidèle observateur de la Loi, comme il est mort pour elle.

La Patrie récompensera sans doute, dans sa veuve et dans ses enfans, le zèle et le dévouement de cet intrépide magistrat : cette femme, aussi recommandable par ses vertus que son patriotisme, est enceinte d'un troisième enfant, et chargée d'un père de 80 ans; elle a perdu dans la même journée son mari, sa maison, ses effets, son fonds de boutique et son crédit. Si la Convention Nationale en avait été instruite, cette infortunée ne serait pas en proie à la plus affreuse misère.

(5) Lors du siége d'Angers, qui eut lieu le 13 frimaire, le second bataillon de la garde nationale d'Angers, placé pour soutenir l'attaque à la porte Cupif, apperçut un mouvement confus qui s'élevait autour de lui. Ce désordre était occasionné par le bataillon des volontaires qui le précédait, et qui, abandonnant son poste, prenait la fuite par le cul-de-sac des Zéphirs, situé vis-à-vis le ci-devant grenier à sel. Ce fut aussi dans ce même instant que le général Danican, suivi de la cavalerie, fit une retraite précipitée, et fuit à toute bride.

Alors, la première compagnie du bataillon angevin, composée de braves républicains, qui eût été sans doute suivie par les autres compagnies, si elles eussent été à portée, se leva en masse; et dix à douze d'entr'eux, savoir : Evain, Letourneau, Chasseboeuf, Lachaise - Lolivrel, Guillot, Godard, Morteau, Monsallier, Claveau, Camus, Lefebvre, et autres, couchèrent en joue, et le général Danican, et la cavalerie, les arrêtèrent et forcèrent le général de rallier ses bataillons qui déjà étaient passés, presqu'à l'entier, par le cul-de-sac. Un des cavaliers, s'adressant alors à la compagnie, leur dit : *Camarades, n'y a-t-il pas une retraite ménagée pour les habitans, en cas qu'ils succombent?* *Quoi*, repliqua-t-on, d'une voix unanime, *tu parles de retraite! Non; il n'y en a pas : la ville d'Angers ne sera prise que quand il ne restera pas un seul Angevin pour la défendre.*

On a appris depuis, et on a su certainement que deux bataillons du vingt-neuvième régiment, ci-devant Dauphin, furent enlevés, à huit heures du soir, de la porte Cupif, et qu'il ne fut laissé à ce poste important qu'un caporal et quatre hommes, et que les commandans qui conduisirent les bataillons à la porte S. Nicolas, ne prévinrent point les gardes nationales d'Angers, qui étaient placées à deux cens pas, dans la rue Boisnet. Cette manoeuvre pouvait perdre la ville, parce que la porte Cupif était l'endroit le plus faible; ensorte que, si cinquante des assiégeans se fussent présentés à la porte, il leur eût été facile de l'escalader. Sur ces entrefaites, deux chefs de bataillons s'étant transportés à ladite porte, prirent des informations sur ce qui s'y était passé, sur la fuite du vingt-neuvième régiment. Le caporal lui répondit qu'un des généraux avait donné des ordres pour faire retirer ledit régiment, et qu'il ignorait où on l'avait placé. Sur le champ on fit avancer la garde nationale à la porte Cupif, où elle passa la nuit; et le vingt-neuvième régiment ne revint que le lendemain à son poste.

On observe que la troupe, qui a été enlevée de la porte Cupif, a été conduite aux flambeaux le long de la rue Boisnet, et jusques sur les ponts; desorte que cette manœuvre ne pouvait manquer d'être vue de S. Serge, où l'ennemi était posté, et pouvait lui servir de signal pour attaquer notre poste.

(6) Quand nous disons que le Peuple d'Angers est régénéré, nous entendons qu'il est entiérement dégagé des préjugés religieux qui le tyrannisaient.

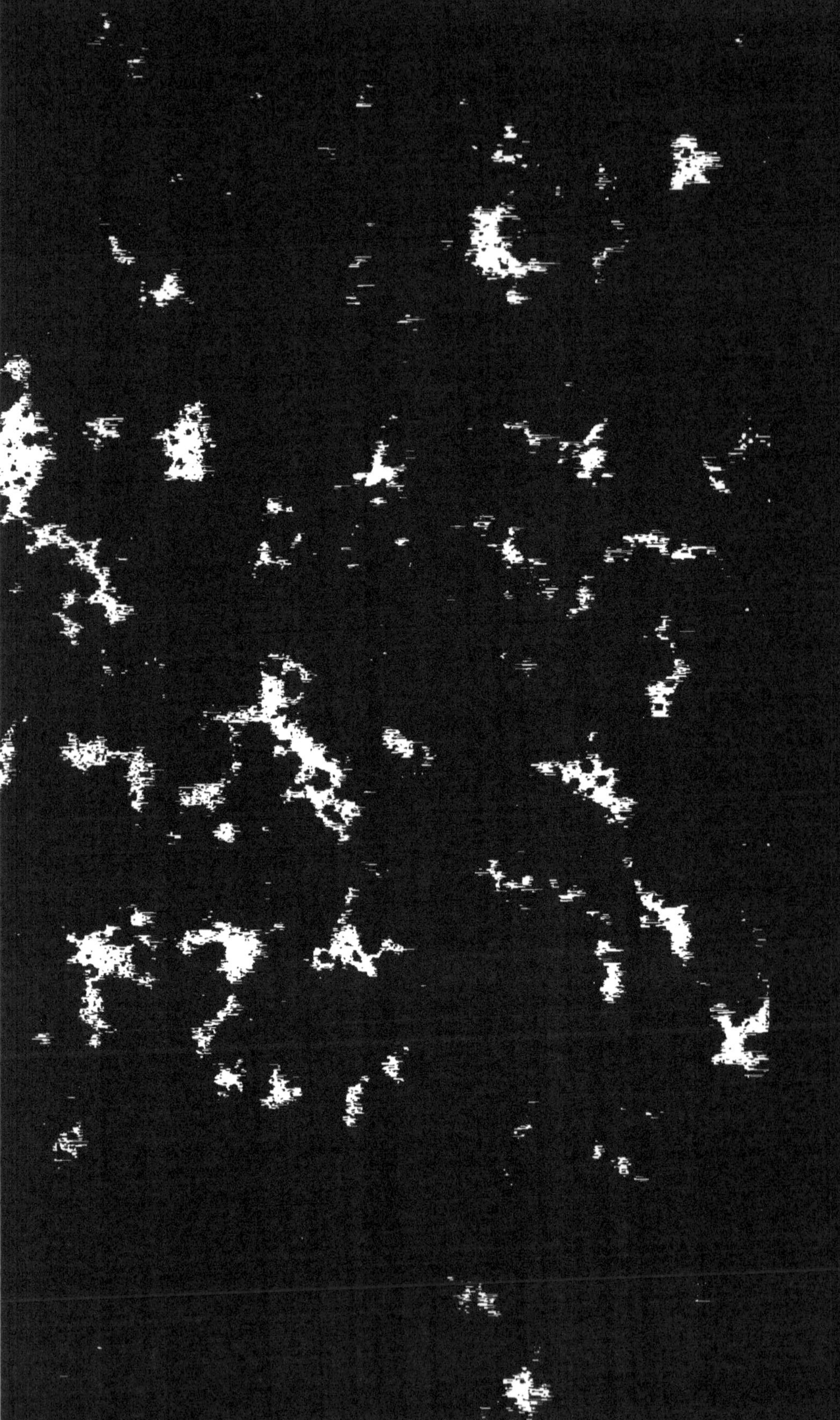

www.ingramcontent.com/pod-product-compliance
Lightning Source LLC
LaVergne TN
LVHW020250230826
846091LV00006B/2340

9782013251310